29 Juin 1900

VENTE

Des Vendredi 29 et Samedi 30 Juin 1900

HOTEL DROUOT, SALLE N° 2

A DEUX HEURES

ANCIENNES

FAIENCES ET PORCELAINES

OBJETS DE CURIOSITÉ

MEUBLES & BRONZES

Louis XV, Louis XVI et Empire

TAPISSERIES ANCIENNES

DES XVIe ET XVIIIe SIÈCLES

EXPOSITION PUBLIQUE

LE JEUDI 28 JUIN 1900

De 1 heure 1/2 à 5 heures 1/2

Me G. DUCHESNE	**M. CAILLOT**
COMMISSAIRE-PRISEUR	EXPERT
Rue de Hanovre, n° 6	Rue Lafayette, 17

PARIS — 1900

IMPRIMERIE MAULDE et RENOU

MAULDE, DOUMENC & Cie
IMPRIMEURS DE LA COMPAGNIE DES COMMISSAIRES-PRISEURS
Rue de Rivoli, 144

CATALOGUE

DE

FAIENCES ET PORCELAINES

ANCIENNES

FRANÇAISES ET ÉTRANGÈRES

Vitraux, Bronzes d'Art, Cuivres, Objets de Curiosité

TABLEAUX, DESSINS, GRAVURES

MEUBLES & BRONZES

Renaissance, Louis XV, Louis XVI, Empire

TAPISSERIES ANCIENNES

DES XVIᵉ ET XVIIIᵉ SIÈCLES

DONT LA VENTE AURA LIEU

HOTEL DROUOT — SALLE Nᵒ 2

Les Vendredi 29 et Samedi 30 Juin 1900

à 2 heures

Mᵉ G. DUCHESNE	M. CAILLOT
COMMISSAIRE-PRISEUR	EXPERT
Rue de Hanovre, 6	Rue Lafayette, 17

EXPOSITION PUBLIQUE

Le Jeudi 28 Juin 1900, de 1 heure 1/2 à 5 heures 1/2

CONDITIONS DE LA VENTE

—

Elle sera faite au comptant.

Les acquéreurs paieront CINQ CENTIMES PAR FRANC en sus des adjudications.

Aucune réclamation ne sera reçue une fois l'adjudication prononcée.

MAULDE, DOUMENC et Cⁱᵉ, imp. de la Cⁱᵉ des Commissaires-Priseurs, rue de Rivoli, 144   400—89937

Désignation

FAIENCES ET PORCELAINES ANCIENNES

1 — **Rouen**. Très grand Plat rond en ancienne faïence, décor camaïeu bleu, au fond, grande rosace à cinq dents, le marli et la chute sont couverts de grands lambrequins, fleurons et pendentifs.

2 — **Rouen**. Très grand Plat rond en ancienne faïence, décor camaïeu bleu, au fond deux cerfs dans un paysage accidenté, le marli est composé d'oiseaux, arbustes fleuris et ornements divers.

2 — **Rouen**. Très grand Plat rond en ancienne faïence, décor camaïeu bleu, le marli entièrement couvert d'une bande ornementale, au fond un vase fleuri posé sur une table, décor dans le goût chinois.

4 — **Rouen.** Grande Bannette en ancienne faïence, décor bleu et rouille, au fond un grand cul-de-lampe composé de deux cornes d'abondance, vase fleuri, draperies et guirlandes ; ce motif est entouré d'un grand lambrequin de style rayonnant.

5 — **Rouen.** Trois bas de sucrière en ancienne faïence, décor rayonnant bleu et rouille et bleu et rouge.

6 — **Nevers.** Pot à eau à anse torse et cuvette en ancienne faïence, décor blanc et jaune sur fond gros bleu.

7 — **Nevers.** Deux Pots à surprise en ancienne faïence, décor polychrome avec inscriptions, sur l'un : « Je pleure ce que bien d'autres voudrais avoir perdu 1751 » et sur l'autre « Je ne vaux rien si je ne suis montée 1747 ».

8 — **Delft.** Fontaine et son bassin en ancienne faïence, décor camaïeu bleu composé de fontaines avec jets d'eau, rinceaux et ornements divers.

9 — **Delft.** Tirelire en ancienne faïence, décor camaïeu bleu.

10 — **Delft.** Plat rond, en ancienne faïence, décor camaïeu bleu d'enroulement d'enfants, fon-

taine avec jets d'eau et ornements divers. Daté
1727.

11 — **Saxe.** Vase pot-pourri sur terrasse avec chien,
volatiles et fleurs en relief, décor polychrome.
Epoque Louis XV.

12 — **Saxe.** Flambeau à deux lumières formé par
une femme assise sur une terrasse rocaille,
décor polychrome. Epoque Louis XV.

13 — **Saxe.** Groupe de deux chiens attaquant un
sanglier sur socle avec arbuste et fleurettes en
relief en ancienne porcelaine blanche de l'époque Louis XV.

14 — **Sèvres.** Deux pièces, petit Plateau et Pot à
crème en ancienne porcelaine tendre, décor
polychrome de bouquets de fleurs.

15 — **Boissette.** Deux petites Caisses carrées en
ancienne porcelaine, décor polychrome de bouquets de fleurs.

16 — **Chelsea et Hœchst.** Douze Figurines en
ancienne porcelaine.

17 — **Paris.** Écuelle à deux anses avec plateau
lobé en ancienne porcelaine Louis XVI de
Guérard et Dihl, décor camaïeu noir de bouquets de fleurs.

18 — **Chine.** Paire de Potiches couvertes en ancienne porcelaine, décor camaïeu bleu, grand lambrequin et ornements divers.

19 — Grande quantité de faïences et porcelaines françaises et étrangères anciennes des fabriques de Rouen, Nevers, Delft, Moustiers, Hispano-Mauresques, Chine, Japon, Saxe, etc.

BRONZES, CUIVRES, OBJETS DE CURIOSITÉ

20 — Garniture de cheminée composée d'une Pendule et de deux Candélabres à 3 lumières bronze doré et marbre blanc. Époque Louis XVI.

21 — Paire de Flambeaux de l'époque Louis XVI, formés par des enfants en bronze, patine brune sur des socles, marbre blanc et bleu turquin avec ornements bronze doré.

22 — Paire de jolis Flambleaux-Cassolettes marbre blanc et bronze doré, de l'époque Louis XVI

23 — Paire de Flambeaux formés par des colonnes en marbre et ornements bronze doré. Fin xviii⁰ siècle.

24 — Pendule formée par un socle quadrangulaire avec bas-relief en bronze doré du 1ᵉʳ Empire, surmontée d'un amour en bronze, patine brune.

25 — Pendule Louis XVI en bronze doré, composée de deux enfants sur socle, en écaille rouge et ornements en bronze doré.

26 — Grand Flambeau de mosquée, cuivre gravé, travail persan, xvᵉ siècle.

27 — Petit Lustre Hollandais à 10 lumières, en cuivre poli.

28 — Lanterne Hollandaise avec 8 lumières, en cuivre poli et repercé.

28 *bis* — Lanterne d'antichambre en cuivre et cristaux de Bohème taillés.

29 — Bronzes d'art. Édition BARBEDIENNE.

30 — Jolie Clef en fer ciselé. Époque Louis XIV.

31 — Nombreux objets de vitrine, Coffrets, Cuivres, Fers, Ivoires, Boîtes, etc., etc.

VITRAUX

32 — Suite de Vitraux anciens.

TABLEAUX, DESSINS, GRAVURES

33 — MICHALLON et BERRÉ. Intérieur de Forêt avec troupeau de moutons.

34 — TELLIER. La Tête du député Ferraud portée à la Convention.

35 — Teniers (Ecole de). Tentation de saint Antoine.

36 — École française. Tête de jeune-fille.

37 — Tableaux anciens et modernes, Dessins, Gravures, etc.

MEUBLES

38 — Joli meuble de salon en bois sculpté, peint en gris, du temps de Louis XVI, recouvert en velours dit de Gênes moderne à dessin vert sur fond vieux rose, composé de deux petits Canapés et quatre Fauteuils.

39 — Grande Table-Bureau Empire.

40 — Une Stalle et une banquette gothiques.

41 — Psyché Empire acajou et bronzes.

42 — Console acajou Louis XVI.

43 — Secrétaire époque Louis XVI en marqueterie de bois à damiers.

44 — Pendule époque Louis XIV en marqueterie de cuivre sur Écaille dans le genre de Boule avec Ornements en bronze doré.

45 — Grand Buffet à étagères, moderne, en bois sculpté.

46 — Paravent à six feuilles Louis XIV, Tapisserie au point.

47 — Grand Lit à colonnes Louis XIII, en bois
Sculpture.

48 — Canapé d'Angle Louis XV.

49 — Environ Douze Sièges de diverses époques.

50 — Fauteuil de Bureau en Acajou massif avec
Ornements en bronze doré, époque Ier Empire,
Signé : COURTOIS.

51 — Petit Meuble d'entre-deux à portes pleines
en bois de placage, dessus en marbre, époque
Louis XV.

52 — Jolie petite Table formant bureau, en bois
de rose. Époque Louis XV.

53 — Deux Encoignures de différente forme en
marqueterie de bois à damiers. Époque
Louis XVI.

54 — Petite Table à ouvrage de forme ovale, avec
trois tiroirs en bois de placage. Époque
Louis XVI.

55 — Jardinière de forme ovale avec tablette d'en-
tre-jambes en acajou et bronze doré. Époque
Louis XVI.

56 — Grande Console Louis XVI, bois sculpté laqué blanc avec ceinture repercée à jour, dessus marbre blanc.

57 — Glaces avec cadres en bois sculpté.

TAPISSERIES

58 — Tapisserie. A la partie supérieure château-fort avec cavaliers; à la partie inférieure, grand personnage en costume François Ier au milieu de grands branchages de fleurs, oiseaux et animaux. Première moitié du XVIe siècle. Sans bordure.

H. 2^{m}85 ; L. 2^{m}75.

59 — Grande Tapisserie d'Aubusson avec bordure Jeux d'enfants ; composition de neuf personnages, d'après HUET.

L. 3^{m}70 ; H. 2^{m}60.

60 — Tapisserie d'Aubusson avec bordure. Berger et bergère avec chèvres et moutons.

L. 2^{m}10; H. 2^{m}70.

61 — Tapisserie d'Aubusson avec bordure représentant un berger et bergère avec chien et mouton dans un paysage.

L. 1^{m}70 ; H. 2^{m}20.

62 — Tapisserie verdure avec bordure sur trois
côtés : Femme tenant une pique et animaux.

L. 1^m60 ; H. 2^m45.

63 — Tapisserie verdure. Deux personnages et
fontaine supportant deux amours.

H. 2^m25 ; L. 1^m95.

64 — Tapisserie verdure. Indien avec carquois et
chien.

H. 2^m25 ; L. 1^m40.

65 — Tapisserie verdure, composition de nombreux personnages. Chasse au sanglier. Sans
bordure.

L. 2^m65 ; H. 2^m30.

66 — Quantité de Morceaux de tapisserie au
point.

67 — Nombreux Morceaux de tapisserie et bor-
dures.